Brigitte Bellon

Geklöppelte Frühlingsmotive

Brigitte Bellon

GEKLÖPPELTE
FRÜHLINGSMOTIVE

Barbara Fay Verlag

Gammelby 2006

Die Deutsche Bibliothek – CIP-Einheitsaufnahme

Ein Titeldatensatz für diese Publikation ist bei
Der Deutschen Bibliothek erhältlich

Abbildungen: Brigitte Bellon (S. 11, 14, 31, 33, 35, 37, 38, 41, 44 und 45)
und Barbara Fay Verlag

Druck und Verarbeitung: Georg Riederer Corona GmbH Stuttgart

ISBN 3-925184-61-9

Vorwort

Sicher geht es mancher Klöpplerin wie mir: sie überlegt, was sie mit dem noch auf den Klöppeln befindlichen, restlichen Garn machen könnte. Meist kommen dann nur kleine Muster in Frage, wie sie dieses Buch enthält; Motive, die als Bilder, Aufhänger oder für Karten, kleine Geschenke und Applikationen verwendet werden können. Das Thema für diese Auswahl ist Frühling: Blumen, Schmetterlinge, Herzen und ein paar Aufhänger für den Osterstrauß.

Es kamen Garne aus verschiedenen Materialien und unterschiedlicher Stärke zum Einsatz: weiße Garne von Bockens, farbige Garne von Goldschild und Moravia und Seidengarne der Schweizer Firma Moor. Durch Vergrößern und Verkleinern kann das Muster natürlich auf die Größe gebracht werden, die für die vorhandenen Garnreste passend ist.

Auf Text habe ich weitgehend verzichtet. Beim Arbeiten von Bildmotiven mit geschnittenen Fäden sollte die Klöpplerin selbst überlegen, wie sie am besten vorgeht. Einen Hinweis für die mögliche Reihenfolge der zu klöppelnden Musterteile geben die Buchstaben des Alphabets. Schauen Sie sich vor Beginn eines Musters den Klöppelbrief genau an! Selbstverständlich kann auch eine andere Reihenfolge gewählt werden, wenn sie günstiger erscheint. Man sollte aber bei gleicher Farbe möglichst vom vorhergehenden Musterteil Paare für das nächste verwenden, um unnötige Verknotungen zu vermeiden.

Bei den meisten Mustern ist Anzahl und Stelle der einzuhängenden Paare angegeben. Um den Klöppelbrief jedoch nicht durch zu viele Angaben verwirrend erscheinen zu lassen, wurden die Verknüpfstellen vielfach nicht vermerkt. Eine geübte Klöpplerin sieht ohnehin, wo noch ein Paar hinzugenommen oder herausgelegt werden muß. Auf den Abbildungen läßt sich zudem der Verlauf der Paare gut erkennen. Bei einigen Mustern verdeutlichen Detailzeichnungen schwierige Stellen. Im übrigen gibt es mittlerweile genug Bücher über die verschiedenen Klöppelspitzen-Techniken, in denen man nachschlagen kann.

Zu Dank verpflichtet bin ich dem Ehepaar Fay für die allezeit freundliche Unterstützung, insbesondere für das Mitdenken und Bemühen um die bestmögliche Darstellungsweise.

Brigitte Bellon

Erklärung der verwendeten Abkürzungen und Symbole

GS = Ganzschlag	**K** = Konturfaden
HS = Halbschlag	〰 = Falscher Flechter
LS = Leinenschlag	✕ = verknüpfen
US = Umkehrschlag	

MUSTER 1 • *Großes asymmetrisches Herz*

11 Paare
Leinen 50/2

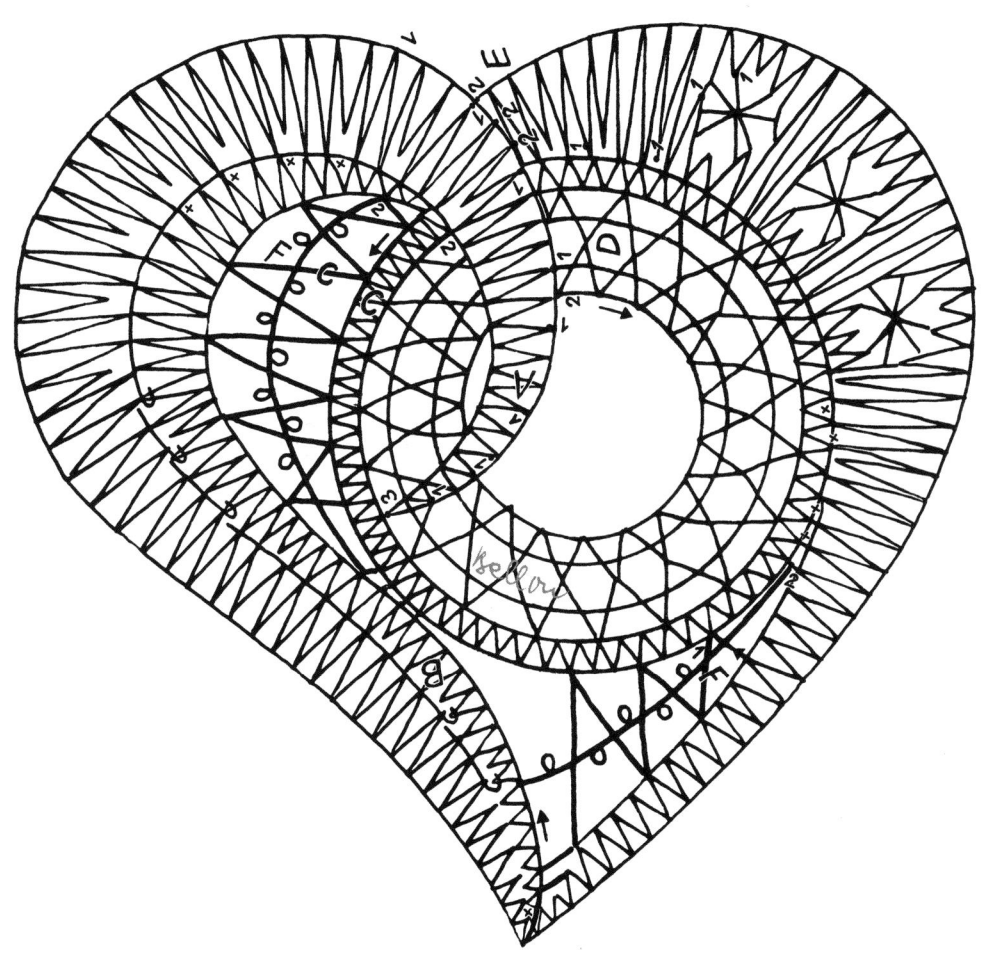

MUSTER 2 • *Osterei*

5 Paare Leinen 60/2 (davon 1 Paar gelb)

MUSTER 2 • *Osterei*

5 Paare Leinen 60/2 (davon 1 Paar gelb)

MUSTER 3 · *Osterei in Russischer Bänderspitze*

4 Paare Leinen 60/2 oder Seide 120/3
1 Paar Leinen 16/2 als Konturfaden

Leider schafft man es nicht, den Flechtgrund in einem Zug fortlaufend zu klöppeln. Die erste Etappe wird mit den beiden Paaren gearbeitet, die vom Formschlag kommend über das Band geführt werden. Wenn der Flechter am Band endet, die Paare dort verknüpfen. Es muß noch zweimal neu eingehängt und verknüpft werden.

3a

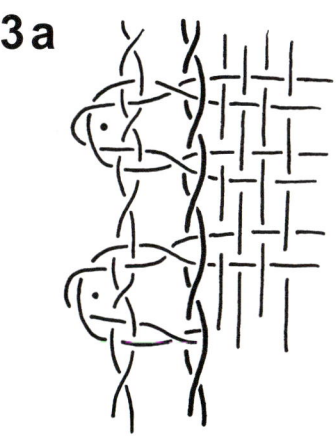

Die Lage der Konturfäden
im Band

MUSTER 4 • *Blatt in Russischer Bändertechnik*

5 Paare Leinen 60/2
1 Paar Leinen 16/2 als Konturfäden

Die Lage der Konturfäden zeigt
die Detailzeichnung **3a**
(auf Seite 9).

MUSTER 5 • *Gänseblümchen*

2 Paare Leinen 60/2, weiß
8 Paare Leinen 60/2, natur
1 Paar Leinen 60/2, gelb

Bei einfarbiger Ausführung 8 Paare.

MUSTER 6 • *Großer gelber Schmetterling*

5 Paare Leinen 60/2, weiß
5 Paare Leinen 60/2, gelb
1 Paar Leinen 16/2, natur, als Konturfaden

Füllung im oberen Flügel: Innenkreis als weißer Flechter,
Verbindung mit dem gelben Laufpaar aus dem HS mit US.

Füllung im unteren Flügel: Mit den beiden Paaren
aus dem Flechterring HS-Ziergrund arbeiten.

Die Arbeitsweise mit Konturfäden zeigt die
Detailzeichnung **3a** auf Seite 9.

6a

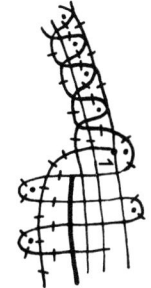

Übergang vom Fühler
zum Kopf

MUSTER 7 • *Großer Schmetterling*

6 Paare Leinen 50/2

Bei den Flügeln klöppelt
man erst das LS-Band,
das nach Fertigstellung
des unteren Flügels im
oberen Flügel in GS
übergeht.

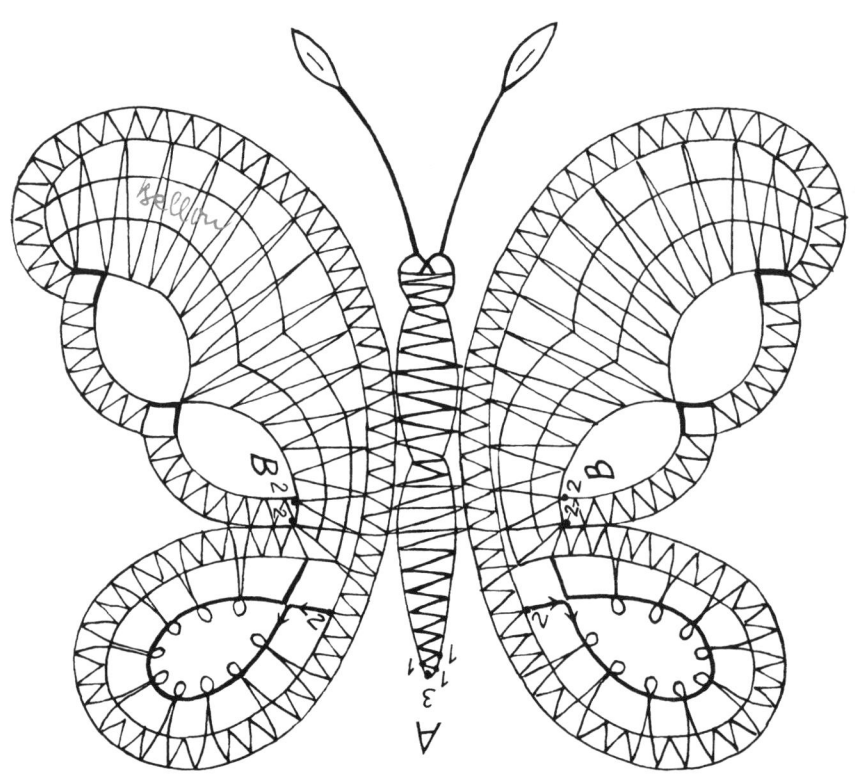

MUSTER 8 • *Osterei mit Blaustern*

4 Paare Leinen 60/2

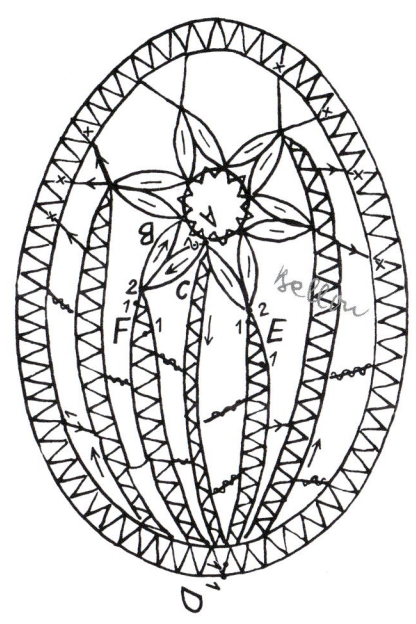

MUSTER 9 • *Kleines asymmetrisches Herz*

9 Paare Leinen 60/2

MUSTER 10 • *Kleiner gelber Schmetterling*

5 Paare Leinen 60/2, weiß
3 Paare Leinen 60/2, gelb

Beim oberen Flügel zuerst das Band bis zum Beginn des unteren Flügels klöppeln und nun Paare für Flechter und Formschläge einhängen und diese klöppeln. Nach Fertigstellung des unteren Flügels Paare über den Körper hinweg auf die andere Seite führen (siehe die Abb. der linken Seite).

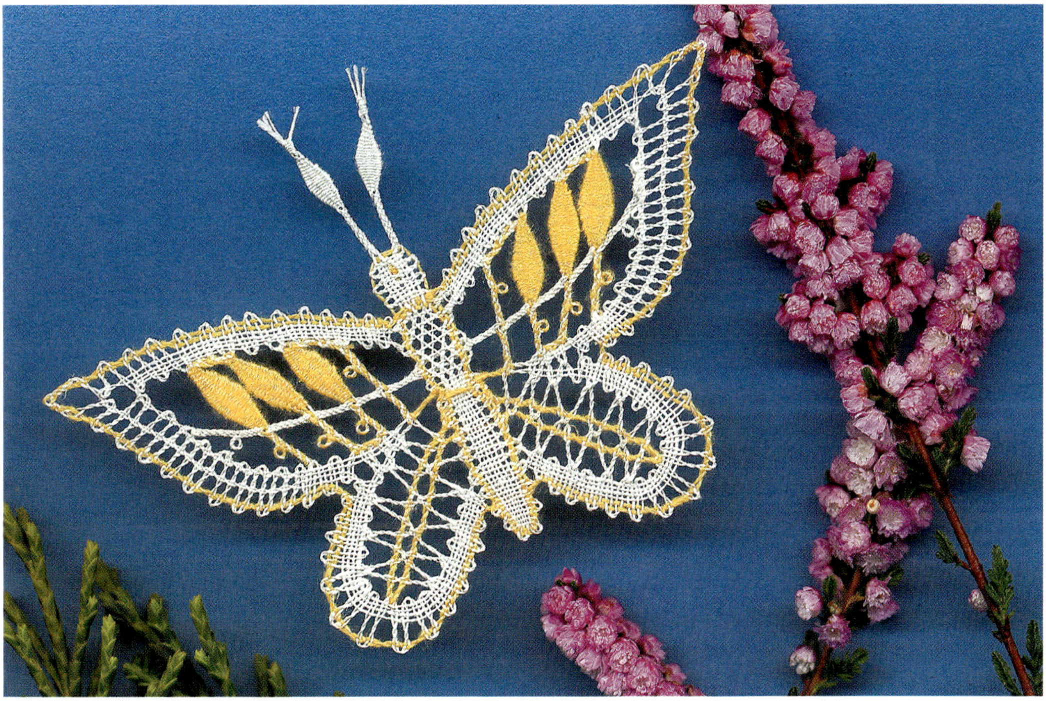

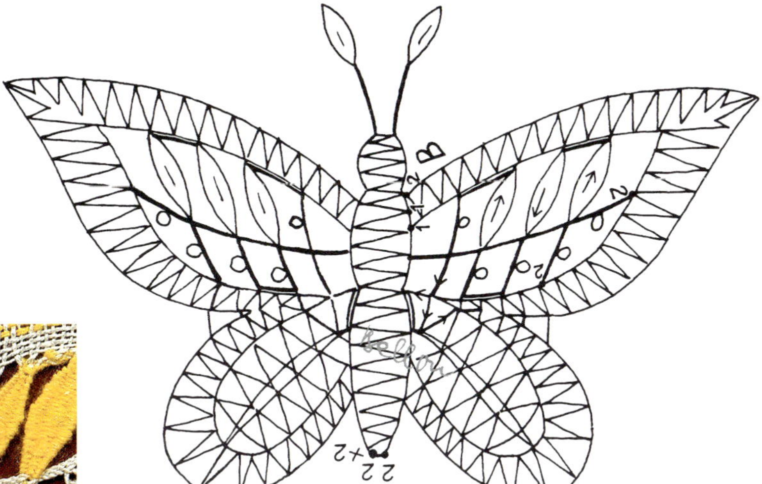

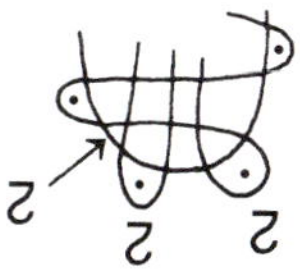

A:

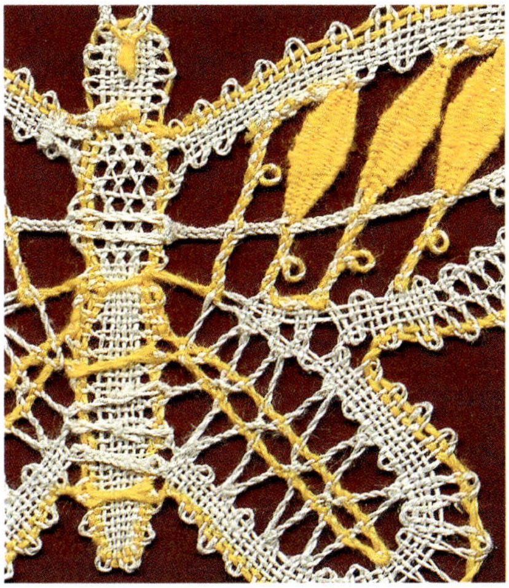

Linke Seite (Detailvergrößerung)

MUSTER 11 • *Ovales Blumenbild*

Ca. 15 Paare Leinen 50/2, weiß und natur

Arbeitsweise
in den Rispen

MUSTER 12 • *Blume*

5 Paare Leinen 60/2

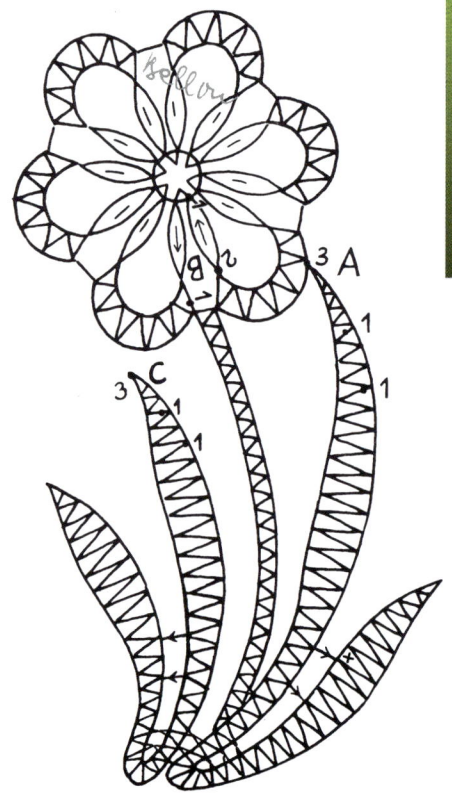

MUSTER 13 • *Blume nach Duchesse-Art*

8 Paare Leinen 60/2
1 Paar Leinen 16/2 als Konturfäden

13 a

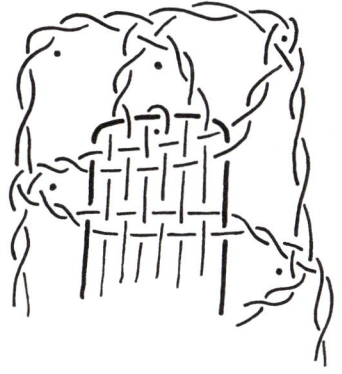

Anfang des Bandes

13 b

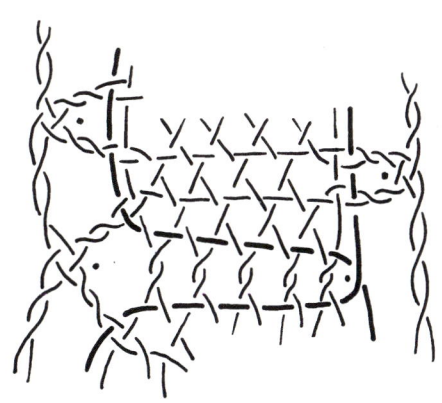

Wechsel der Konturfäden

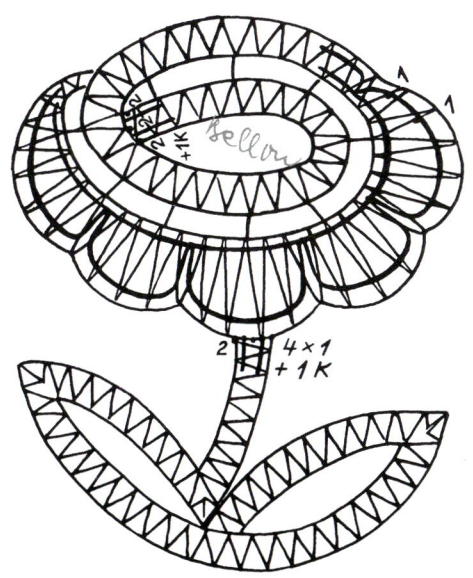

MUSTER 14 • *Schmetterling in Schneeberger Technik*

6 Paare Leinen 60/2

Die Paare vom unteren rechten Flügel über den Körper hinweg auf die linke Seite führen.

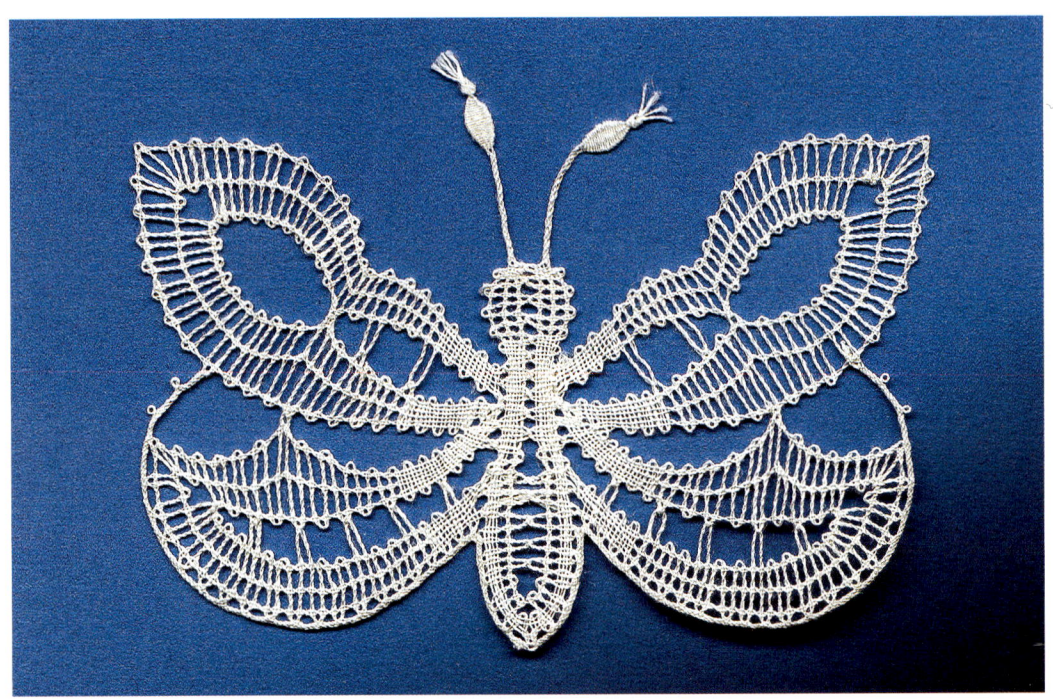

MUSTER 15 • *Nachtschwärmer*

5 Paare Leinen 60/3

Paare von der rechten Seite über
den Körper hinweg auf die
linke Seite führen.

23

MUSTER 16 • *Herz mit Glockenblumen*

Material: Seide der Firma Moor 120/3

6 Paare blau
4 Paare grau
2 Paare grün

Im abgebildeten Motiv wurde für die Stiele und Blätter statt 2 Längspaaren mit dünnerem Garn nur 1 Paar mit dickerem Konturfaden verwendet.

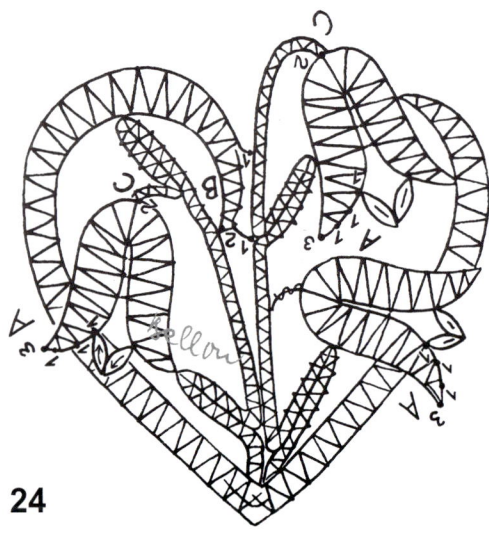

MUSTER 17 • *Löwenzahn*

6 Paare Leinen 60/2

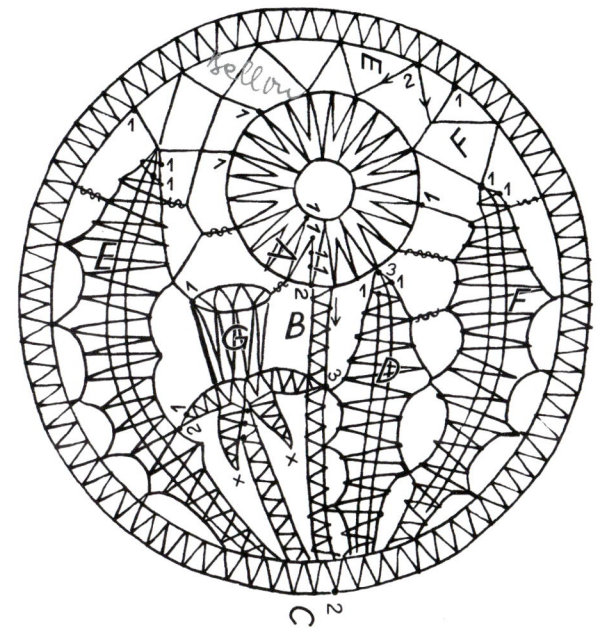

MUSTER 18 • *Schmetterling in Russischer Bänderspitze*

6 Paare Leinen 60/2
1 Paar Leinen 16/2 als Konturfäden

Die Lage der Konturfäden zeigt die Detailzeichnung **3a** auf Seite 9.

Flechterfüllung beim Pfeil beginnend im Zickzack hin und zurück, dann am Band entlang und als gerader Flechter mit Kreis wieder nach unten klöppeln.

18a

Führung des Flechters
beim Kreis

18b

Die Radnabe;
drehen, dann Flechter umhäkeln usw.
(**1** und **2**: bereits vorhandene Flechter),

Detail Rad

MUSTER 19 • *Tulpen im Krug*

6 Paare Leinen 60/2–50/2, gelb
6 Paare Leinen 60/2–50/2, grün oder natur
10 Paare Leinen 60/2–50/2, braun

Bänder im Krug: **J** und **K** mit 5 Paaren, **L** mit 6 Paaren, **M** mit 4 Paaren.

Fürs nächste Band verwendet man immer Paare vom vorherigen.

Auf der Henkelseite bleiben oben 2 Paare liegen für den hinteren Rand. Dieser kann als Flechter erst geklöppelt werden, wenn Blätter und Stiele fertiggestellt sind.

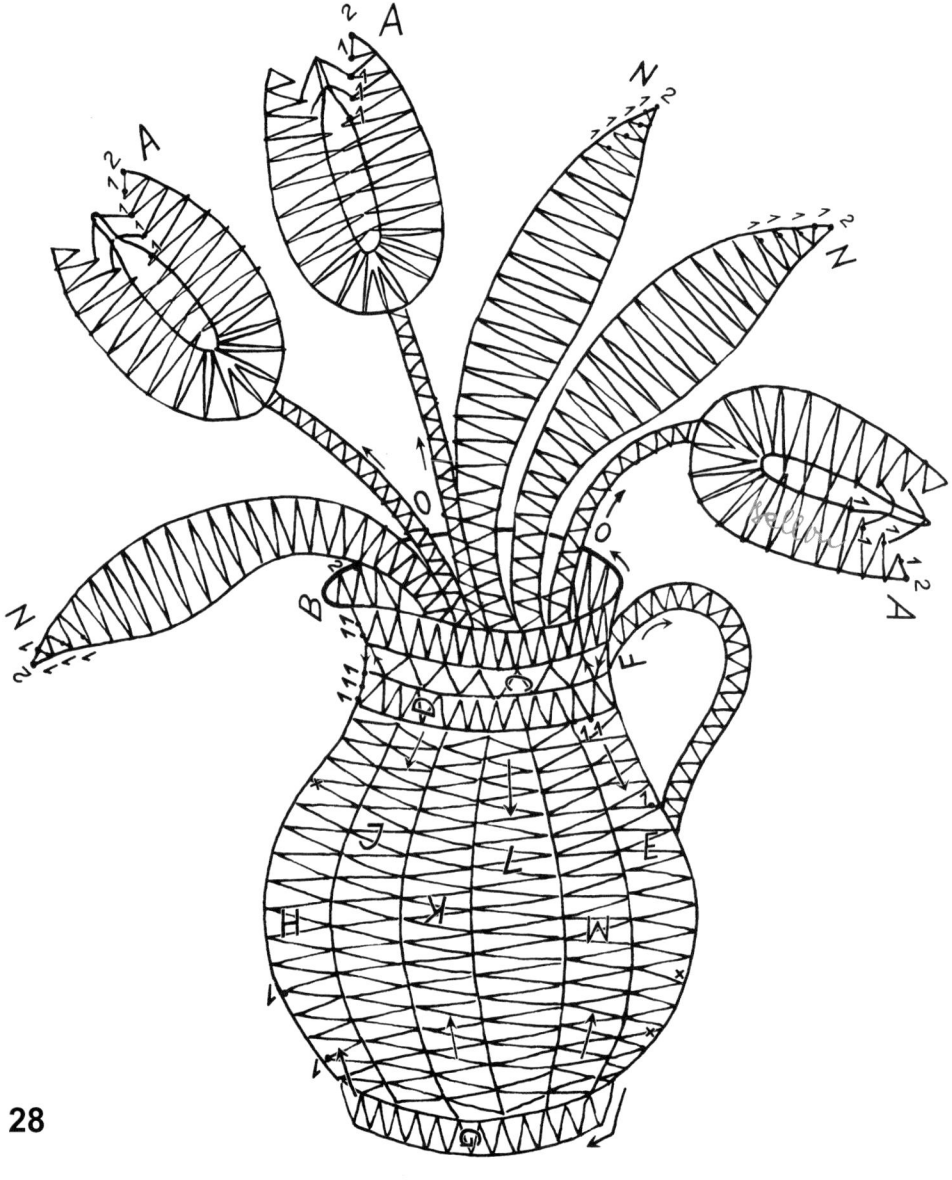

MUSTER 20 • *Zwei verschlungene Herzen*

10 Paare Leinen 90/2

Herz **A** zunächst bis vor die untere
Kreuzung der Bänder klöppeln,
dann erst Herz **B** arbeiten.
Nun Herz **A** fertigstellen.

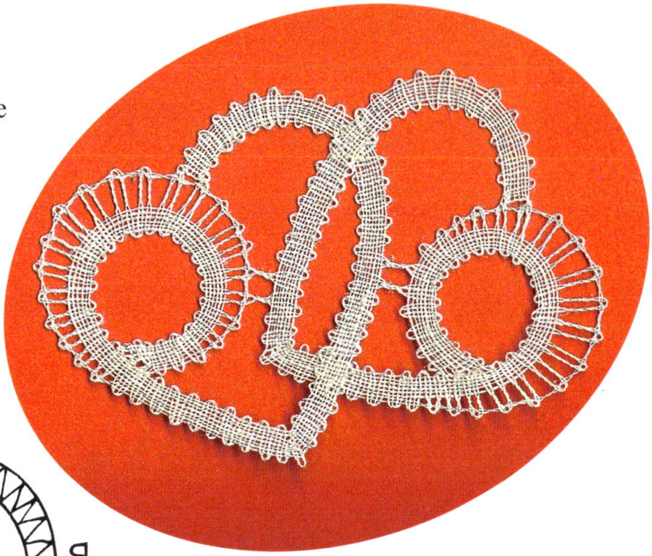

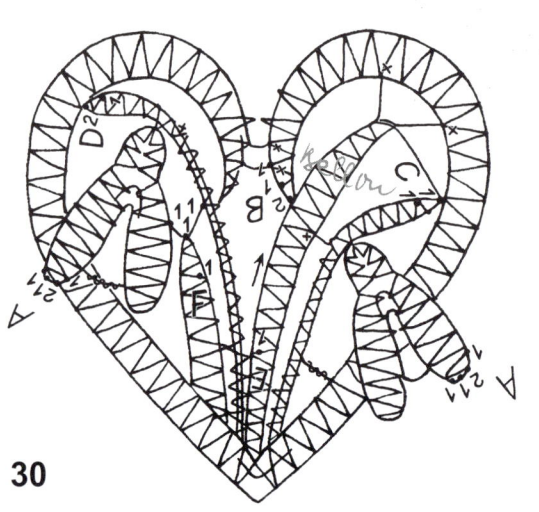

MUSTER 21 • *Herz mit Schneeglöckchen*

5 Paare Leinen 50/2, weiß
4 Paare Leinen 50/2, braun
4 Paare Leinen 50/2, grün oder natur

MUSTER 22 • *Osterei mit zwei Blumen*

8 Paare Leinen 60/2 oder Seide 120/3

MUSTER 23

Krokusse im Kreis

9 Paare Leinen 60/2–50/2, weiß
6 Paare Leinen 60/2–50/2, natur
2 Paare Leinen 60/2–50/2, braun

MUSTER 24 • *Margeriten*

12 Paare Leinen 60/2

Blüten **A**, **B**, **C** der Reihe nach arbeiten.

Von den Blüten aus die Stiele nach unten klöppeln.

Von einem Formschlag der Blüte **C** gleich die beiden Paare fürs obere Blatt der linken Blume verwenden.

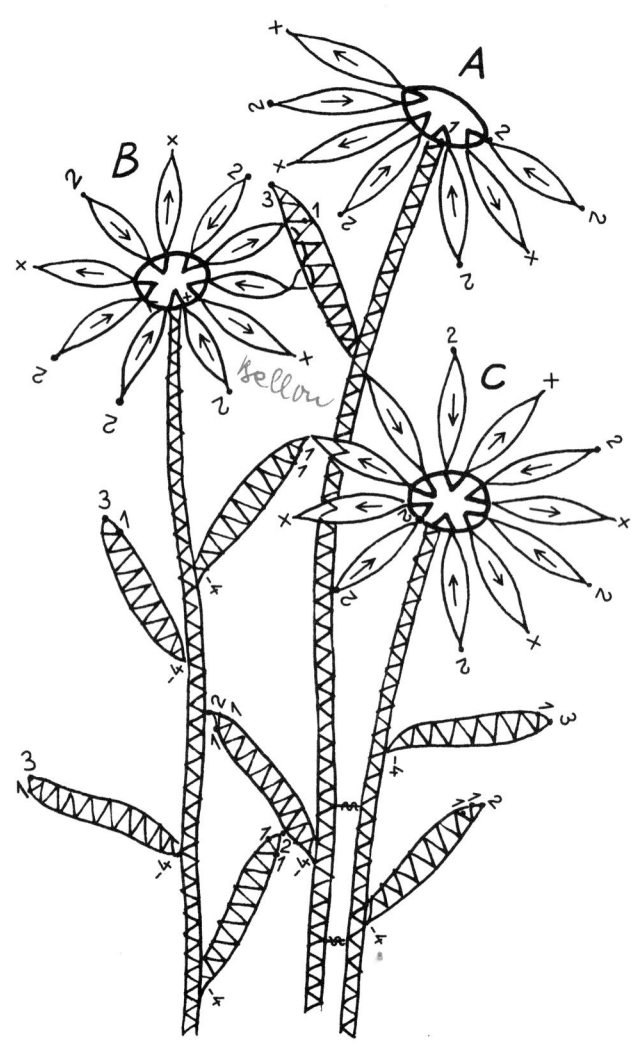

MUSTER 25 • *Rose im Kreis*

7 Paare Leinen 60/2, rot
3 Paare Leinen 60/2, grün
5 Paare Leinen 60/2, blau

Das geklöppelte Muster auf der Abbildung hat im Original einen Durchmesser von 17 cm. Es wurden Reste von Perlgarn in verschiedenen Farbtönen verwendet. Die Stärke entsprach in etwa der von Tussah-Seide 20/2.

Die Blätter sind jeweils nur mit Lauf- und 1 Längspaar geklöppelt.

Für den Grund, der zuletzt eingearbeitet wird, braucht man 3 Paare.

MUSTER 26 • *Tulpen*

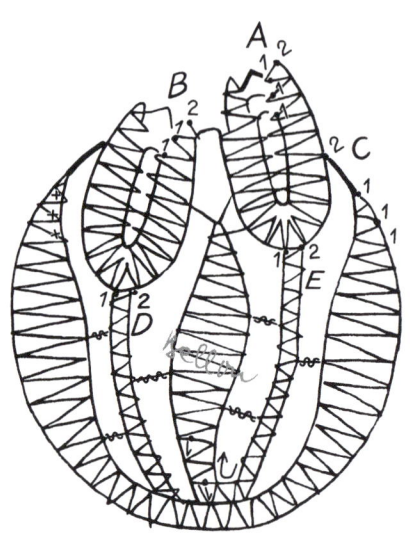

5 Paare Leinen 60/2–50/2, gelb
5 Paare Leinen 60/2–50/2, natur

MUSTER 27 • *Weißer Schmetterling*

6 Paare Leinen 50/2

MUSTER 28 • *Herz mit Ranke*

10 Paare Leinen 60/2

Am Kreis beginnen. Aus dem sich verjüngenden HS-Band werden Paare einzeln herausgelegt. Dort wo ein Flechter beginnt, ist jeweils ein weiteres Paar einzuhängen.

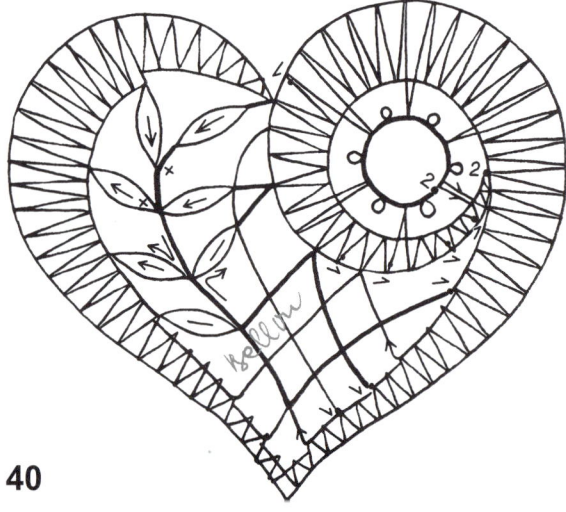

MUSTER 29 • *Eleganter Schmetterling*

4 Paare Leinen 90/2

Die Paare des Bandes laufen unten über den Körper zur linken Seite.

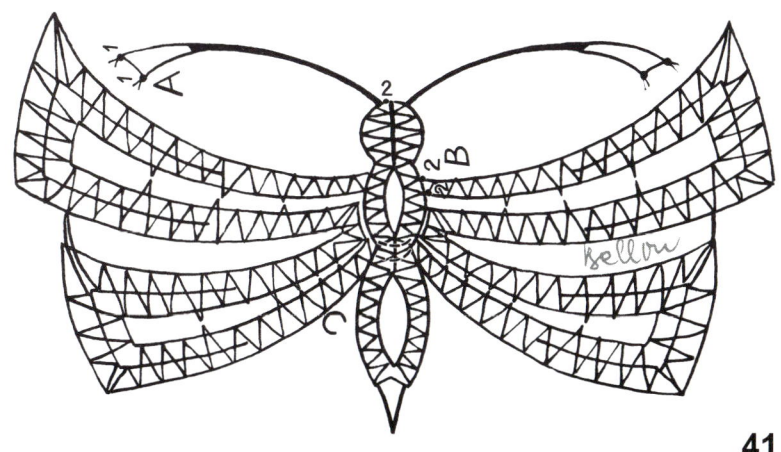

MUSTER 30 • *Herz mit gelben Konturfäden*

5 Paare Leinen 60/2, weiß
3 Paare Leinen 50/2, gelb

Das gelbe Längspaar vom GS läuft am Innenrand des HS wie das äußere gelbe Paar stiel-
stichartig mit (siehe dazu auch die Detailzeichnung **3a** bei MUSTER 3).

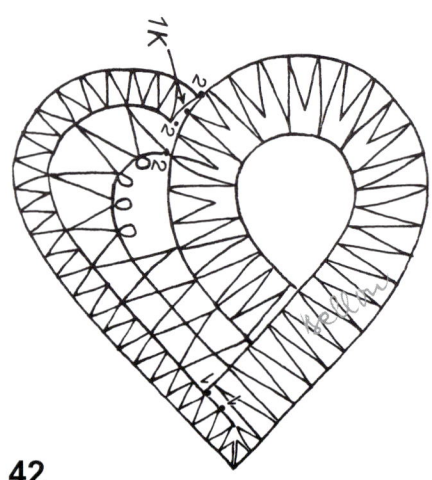

MUSTER 31 • *Verschlungene Herzen mit Halbschlagfüllung*

8 Paare Leinen 60/2

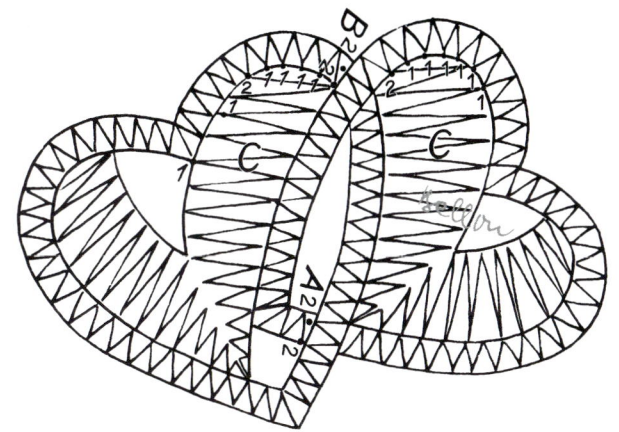

MUSTER 32 • *Kleiner Schmetterling*

7 Paare Leinen 60/2

Paare über den Körper hinweg von einer Seite zur anderen führen.

MUSTER 33 • *Herz mit drei Blümchen*

5 Paare Leinen 90/2

MUSTER 34 • *Ähren*

12 Paare Leinen 40/2

Zuerst Ähre **A** klöppeln, den unteren rechten Formschlag mit 3 Paaren (innen 3 Fäden). Den Halm nach unten mit 3 Paaren, ebenso die Flechterzacke zum Blatt hin.

Für das rechte Blatt der Ähre **A** 2 Paare vom Flechter aus Ähre **B** verwenden. Bei Ähre B nach dem letzten Formschlag auf dessen Rückseite 1 Paar zum Halm zurückführen. Diesen und den kurzen Flechter zum rechten Blatt wieder mit 3 Paaren arbeiten.

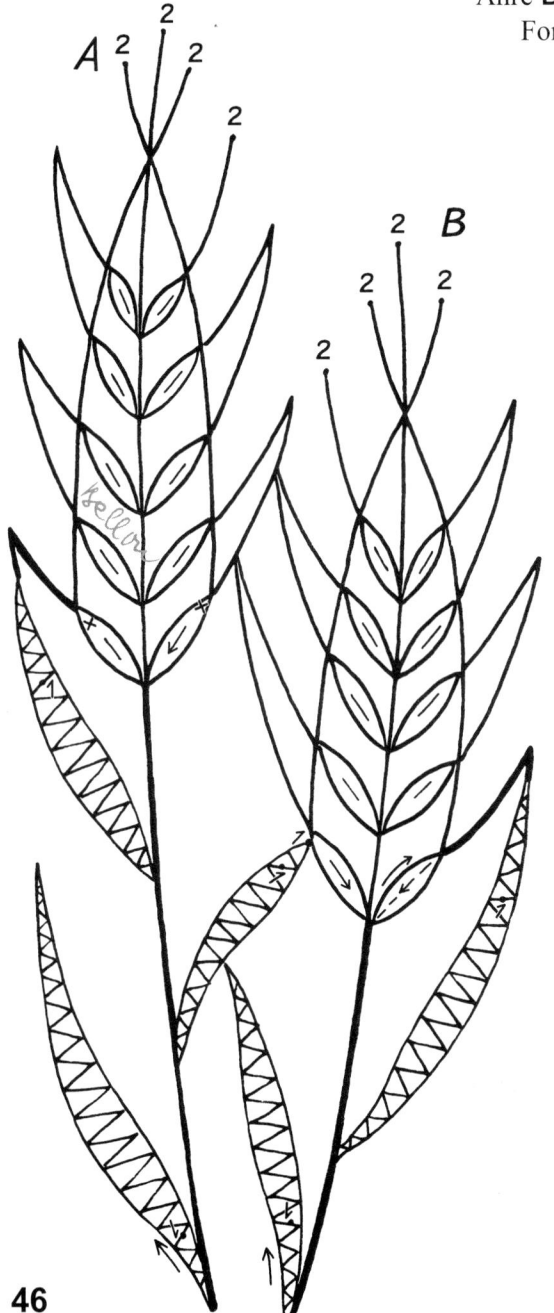

34a

Flechter mit 3 Paaren:
abwechselnd links und rechts HS

46

MUSTER 35
Herz mit Russischem Flechtgrund

7 Paare Leinen 60/2

Zur Arbeitsweise des Rades siehe die Detailzeichnung **18 b** auf Seite 26.

35a

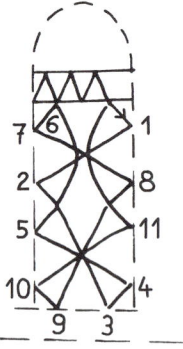

Flechtgrund am Pfeil beginnen mit Lauf- und innerem Längspaar. Die Zahlen zeigen die Reihenfolge der Anhäkelstellen.

MUSTER 36 • *Vogel*

6 Paare Leinen 60/2

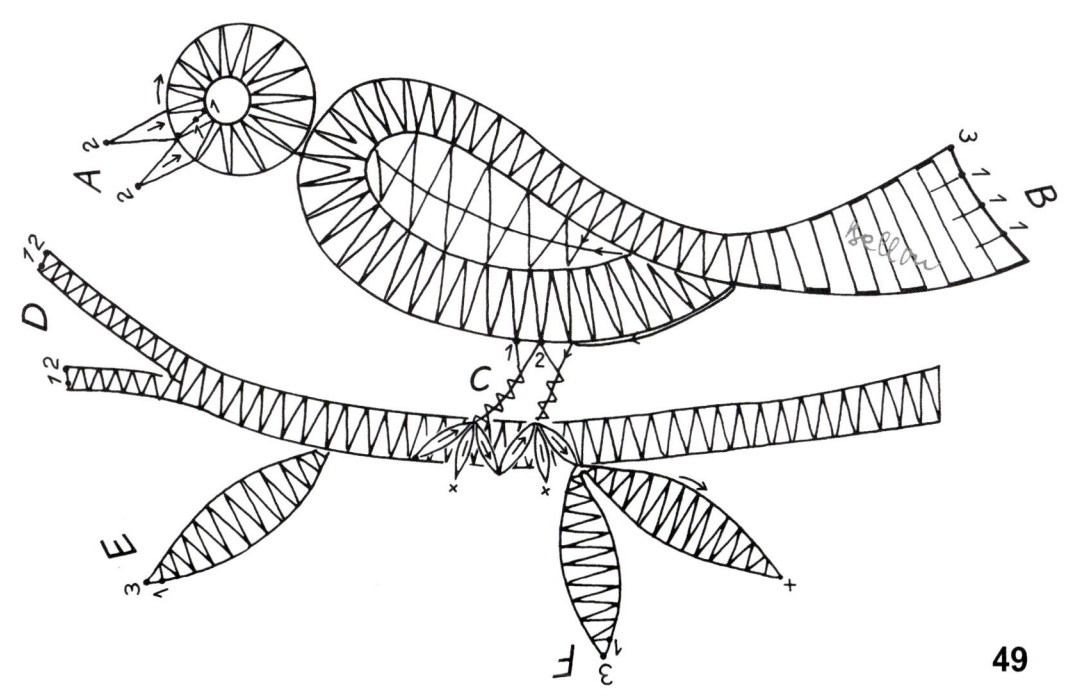

MUSTER 37 • *Schmetterling mit sechs Augen*

10 Paare Leinen 50/2

Fühler als Mini-Band mit nur 1 Längspaar. Nadelabstand nach Augenmaß.

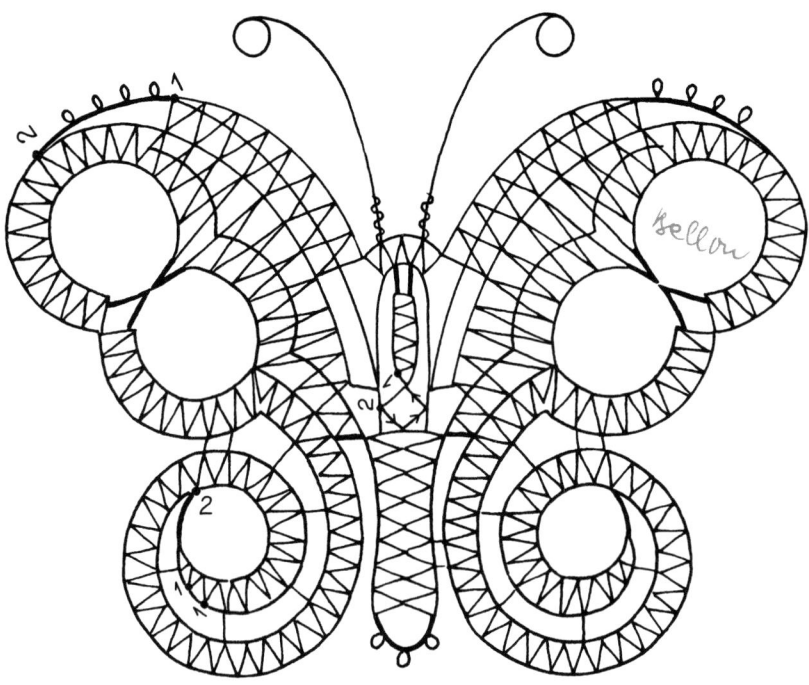

Dieser Schmetterling war bereits auf dem Umschlag meines Büchleins *Klöppelmuster selbst entwerfen* (Stuttgart 1991) abgebildet. Nach dem Klöppelbrief dazu bin ich oft gefragt worden.

MUSTER 38 • *Duchesse-Herzchen*

10 Paare Baumwollgarn der Stärke dD 16
1 Paar DMC Coton perlé 12

Zum Konturfaden in Duchesse-Spitzen
gehört immer ein dünner Faden.
Beide ergeben zusammen 1 Paar.

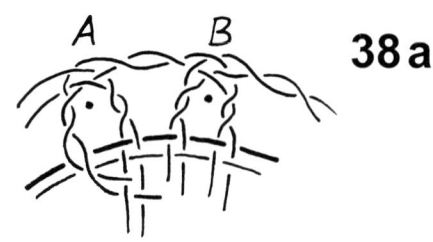

Anfang der Volute im Fadenlauf

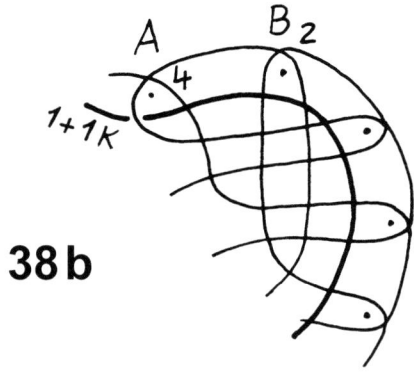

Anfang der Volute als Arbeits-
zeichnung (1 Strich = 1 Paar)

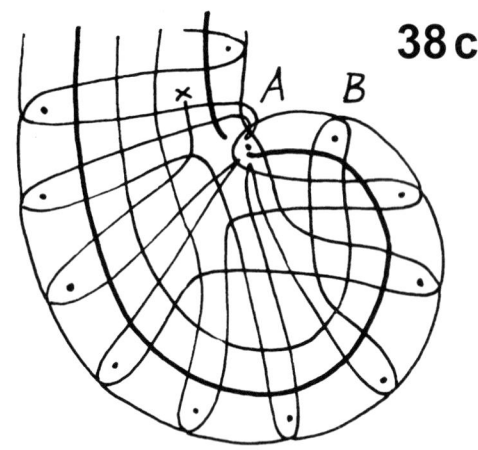

Hier sieht man den Verlauf der Paare in der
fertigen Volute, mit der das Band beginnt.

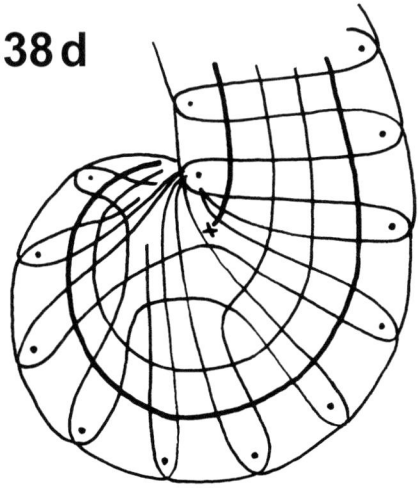

Der Verlauf der Paare in der Volute,
in der das Band ausläuft.

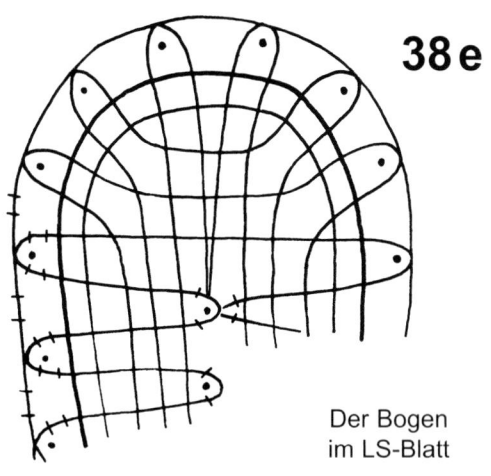

Der Bogen
im LS-Blatt

52

38 f

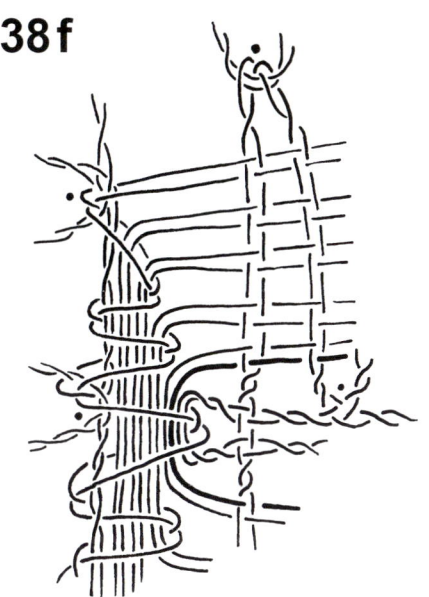

Übergang von einem Blatt zum
anderen durch Bündeln der Paare

38 g

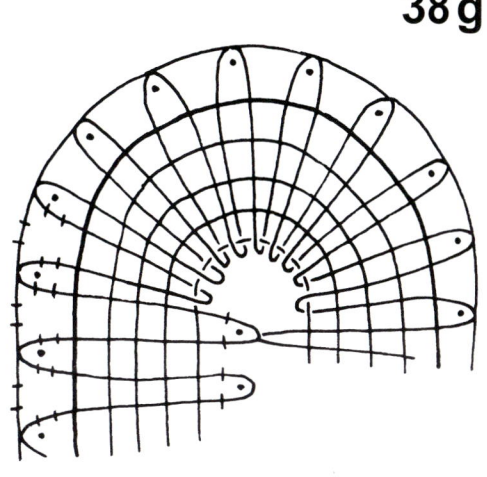

Der Bogen im HS-Blatt

Vergrößerte Abbildung
(200%)

Das Duchesse-Herzchen in natürlicher Größe

Zur Duchesse-Technik verwendete Literatur:

Riet Delescen-van Rijsewijk, Duchessespitze.
Eine Anleitung zur Anfertigung der Duchessespitze mit 28 Klöppelbriefen
Bern und Stuttgart 1989.

BEZUGSADRESSEN FÜR KLÖPPELMATERIAL (Auswahl)

DEUTSCHLAND

- Rittersgrüner Klöppelboutique
  Barbara Neubert
  Karlsbader Str. 43
  D-08355 Rittersgrün

- Die Klöppelkiste
  Gabriele Kister-Schuler
  Wasserschloßweg 6
  D-09123 Chemnitz-Klaffenbach

- Spitzenboutique
  Gertraud Glöckner
  Schloßberg 1
  D-09435 Scharfenstein

- Klöppelstube im Nikolaiviertel
  Ilona Kühn
  Rathausstr. 21
  D-10178 Berlin

- Klöppelstudio
  Christel Pajonk
  Lokfelder Str. 8
  D-23858 Reinfeld

- Heikina de Ruijter
  Postfach 1222
  D-26828 Bunde

- Die Lichtstube
  Maria Kaiser & Greta Paxian GbR
  Winterbacher Str. 12
  D-73630 Remshalden-Hebsack

- Barbara Corbet
  Weinstr. 13
  D-76822 Frankweiler

- Klöppelcenter Langendorf
  Untere Dorfstr. 36a
  D-79618 Rheinfelden

- Hartmann & Deffner GbR
  Untere Hauptstr. 14
  D-86441 Zusmarshausen

- Das Künstlerhaus
  Agnes Weeger-Hallmeyer
  Klöppelweg 11
  D-91183 Abenberg

- Klöppelshop im Kaufhaus Köck
  Hauptstr. 13
  D-92539 Schönsee

- Textil- & Klöppelkunst
  Marianne Geißendörfer
  Kapellbergweg 4
  D-97215 Uffenheim

ÖSTERREICH

- Leinengarn & Klöppelzubehör
  Ing. Mag. Gerhard Meisinger
  Breitenau 2
  A-4624 Pennewang

- Firma Zierfaden
  Marietta Monti
  Linzer Str. 11
  A-4701 Bad Schallerbach

- Renate Guggi
  Murweg 23
  A-8101 Gratkorn

SCHWEIZ

- Atelier MB
  Martin Burkhard
  Im Halt 25
  CH-5412 Gebenstorf

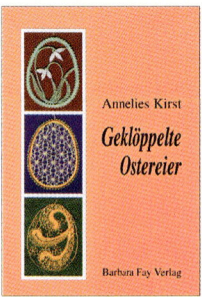

Weitere Titel mit kleinen Klöppelmotiven

aus dem

Barbara Fay Verlag

Annelies Kirst
Geklöppelte Ostereier
(Bestell-Nr. 810)

Annelies Kirst
Neue Klöppel-Ostereier
(Bestell-Nr. 670)

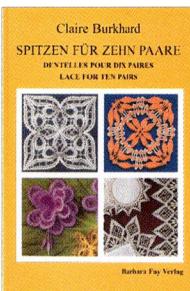

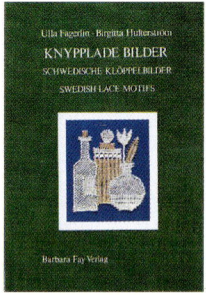

Claire Burkhard
Spitzen für zehn Paare
(Bestell-Nr. 970)

Ulla Fagerlin / Birgitta Hulterström
Schwedische Klöppelbilder
(Bestell-Nr. 900)

Ulla Fagerlin / Birgitta Hulterström
Geklöppelte Vögel
(Bestell-Nr. 950)

Ulla Fagerlin / Birgitta Hulterström
Geklöppelte Blumen
(Bestell-Nr. 580)

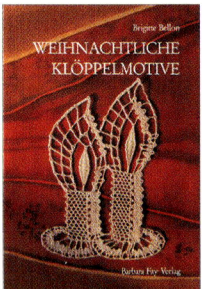

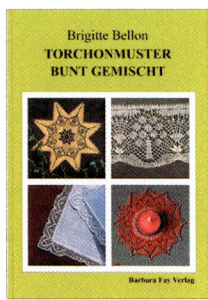

Brigitte Bellon
Weihnachtliche Klöppelmotive
(Bestell-Nr. 830)

Brigitte Bellon
Klöppeln zur Weihnachtszeit
(Bestell-Nr. 910)

Brigitte Bellon
Torchonmuster – bunt gemischt
(Bestell-Nr. 650)

Brigitte Bellon
Geklöppelter Weihnachtsschmuck
(Bestell-Nr. 590)

Die Titel sind – soweit im Buchhandel nicht vorrätig – direkt erhältlich von:
Versandbuchhandlung Barbara Fay, Am Goosberg 2, D-24340 Gammelby; *www.barbara-fay.de*